HOUSTON PUBLIC LIBRARY

S0-DZN-928

Tadpole Books are published by Jump!, 5357 Penn Avenue South, Minneapolis, MN 55419, www.jumplibrary.com

Copyright ©2019 Jump. International copyright reserved in all countries. No part of this book may be reproduced in any form without written permission from the publisher.

Editor: Jenna Trnka **Designer:** Michelle Sonnek **Translator:** Annette Granat

Photo Credits: Antagain/iStock, cover; alslutsky/Shutterstock, 1, 12–13, 14–15 (dragonfly), 16bm, 16br; RubberBall/SuperStock, 2–3 (child), 16tr; JRP Studio/Shutterstock, 2–3 (flower); Bildagentur Zoonar GmbH/Shutterstock, 4–5, 16bl; Vladimir Sturm/Shutterstock, 6–7, 16tm; David ByronKeener/Shutterstock, 8–9; Goldquest/Shutterstock, 10–11, 16tl; fad82/Shutterstock, 14–15 (background), 16br.

Library of Congress Cataloging-in-Publication Data
Names: Nilsen, Genevieve, author.
Title: Veo libélulas / por Genevieve Nilsen.
Other titles: I see dragonflies. Spanish
Description: Tadpole books edition. | Minneapolis, MN: Jump!, Inc., (2019) | Series: Insectos en tu jardín | Audience: Age 3–6. | Includes index.
Identifiers: LCCN 2018039120 (print) | LCCN 2018040664 (ebook) | ISBN 9781641285308 (ebook) | ISBN 9781641285292 (hardcover: alk. paper) | ISBN 9781641286862 (pbk.)
Subjects: LCSH: Dragonflies—Juvenile literature.
Classification: LCC QL520 (ebook) | LCC QL520 .N5618 2019 (print) | DDC 595.7/33—dc23
LC record available at https://lccn.loc.gov/2018039120

VEO LIBÉLULAS

por Genevieve Nilsen

TABLA DE CONTENIDO

tadpole
en español

VEO LIBÉLULAS

Veo una libélula.

Veo sus ojos.

ojo

Son grandes.

Veo su cuerpo.

cuerpo

Es largo.

Veo su cuerpo.

Es azul.

ala

Veo sus alas.

Tiene cuatro.

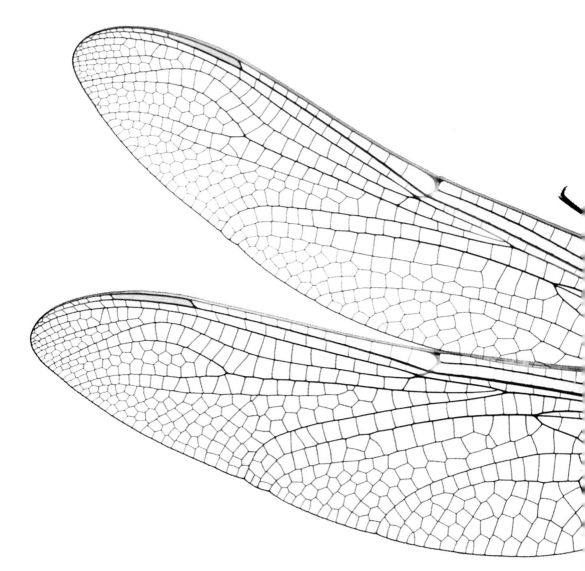

Veo sus alas.

Son transparentes.

13

Veo una libélula.

Se vuela.

REPASO DE PALABRAS

alas

cuerpo

libélula

ojos

transparente

vuela

ÍNDICE

+SP
595.733 N

Nilsen, Genevieve,
Veo libélulas /
Central WLNF
04/19

DISCARD